GUÍA DE LECTURA

Escrita por Ignacio Mayorga Alzate

Tres sombreros de copa

de Miguel Mihura

ResumenExpress.com

Algunas preguntas para profundizar en su reflexión...

Para ir más allá

MIGUEL MIHURA

PRECURSOR DEL TEATRO DEL ABSURDO

- **Nacido en julio de 1905 en Madrid (España)**
- **Fallecido en octubre de 1977 en Madrid (España)**
- **Premios literarios:**
  - Premio Nacional de Teatro (1953 y 1959)
  - Premio Calderón de la Barca (1964)
- **Funciones destacadas:**
  - Miembro de la Real Academia Española
  - Director de *La Codorniz*, importante revista satírica durante la dictadura
- **Algunas de sus obras:**
  - *El caso de la mujer asesinadita* (1946), teatro
  - *El caso de la señora estupenda* (1953), teatro
  - *¡Sublime decisión!* (1955), teatro
  - *Solo el amor y la luna traen la fortuna* (1968), teatro

Miguel Mihura fue un escritor, periodista y dramaturgo madrileño, recordado por sus divertidas comedias. Mihura nació rodeado por el teatro, debido a que su padre era empresario teatral, y abandonó rápidamente sus estudios para dedicarse al humor gráfico. En la década de los veinte trabajó como periodista y, más adelante, reconvirtió una revista falangista en *La Codorniz*, que terminaría siendo la revista satírica más importante en los años de dictadura en España. Sin embargo, Mihura es recordado principalmente por su labor en el teatro. Sus obras humorísticas son precursoras del teatro del absurdo, corriente que se popularizaría en las artes escénicas a mitad del siglo pasado. Además de su vasta producción dramática, Mihura colaboró en la escritura de guiones cinematográficos. Destaca, en este aspecto, *Bienvenido, Mister Marshall* de 1953, una de las películas españolas más importantes de todos los tiempos.

Mihura recibió dos veces el Premio Nacional de Teatro, en 1953 y en 1959. Así mismo, recibió el Premio Calderón de la Barca en 1964. En 1976, un año antes de su fallecimiento, fue elegido como académico de la Real Academia Española; sin embargo, no llegó a tomar posesión de su cargo. Mihura es recordado como uno de los dramaturgos más importantes del teatro español del siglo pasado. Sus obras, cargadas de ironía y sentido crítico, continuarán consolidándose como estandartes de las artes dramáticas españolas.

TRES SOMBREROS DE COPA

OBRA PRECURSORA DEL TEATRO DEL ABSURDO

- **Género:** teatro cómico
- **Edición de referencia:** Varios autores. 1959. Teatro español 1952-1953. Madrid: Aguilar
- **Primera edición:** 1947 (aunque la obra se estrenó cinco años después)
- **Temáticas:** crítica del matrimonio, imposibilidad de alcanzar la libertad, crítica a la burguesía

Tres sombreros de copa es una comedia de tres actos escrita en 1932 y estrenada veinte años después. La obra presenta la celebración de un matrimonio desigual entre un pobre empleado y una adinerada burguesa. La acción transcurre antes de la realización de la boda en un hotel de segunda en el que Dionisio, el protagonista, se hospeda. El hombre culminará, entonces, un noviazgo de siete años con la boda que le dará estabilidad y tranquilidad en su vida, aunque ello implique tener que someterse a los lineamientos del código burgués y obedecer en todo al padre de Margarita, su futura esposa.

Esta es la premisa de una obra llena de enredos y malentendidos en la que nuestro protagonista cuestionará sus decisiones, se verá tentado a abandonar su ordinaria vida burguesa y, por el camino, nos hablará del matrimonio, la libertad y los defectos de la burguesía.

RESUMEN

LOS PERSONAJES

Dionisio, un pobre empleado, decide pasar la última noche de su vida de soltero en un hotel de segunda regentado por don Rosario, un dulce anciano cuya larga relación con el protagonista se remonta a siete años atrás, cuando este último empezó a salir con Margarita, una rica burguesa de una ciudad de provincia.

Después de situarse en la habitación principal de la posada, Dionisio le cuenta a don Rosario cómo ninguno de los tres sombreros de copa que tiene le queda bien, lo que le preocupa para la boda del día siguiente. También habla por teléfono con su prometida, aunque debido a su comportamiento parece que el amor que dice tenerle no es tan cierto, hasta el punto de que no tiene ningún reparo en fingir escucharla y permitir que don Rosario se haga pasar por él mientras mata una pulga que lo está atacando.

Cuando Dionisio se está probando los sombreros de nuevo, entra en su habitación Paula, una bella y joven bailarina que forma parte de una compañía que se aloja en el mismo hotel. Paula discute con Buby, su novio negro y dueño de la compañía, mientras Dionisio observa extrañado todo lo que sucede. Paula confunde a Dionisio con un malabarista y él inventa una historia sobre una supuesta vida de artista, haciéndole creer a la bailarina que es uno de los suyos y que, al día siguiente, actuará en el mismo espectáculo que ella. Después, Buby entra en la habitación, porque los protagonistas temen sus represalias si continúa afuera, y Dionisio intenta hacer malabares con los sombreros de copa para ganarse su aprecio, pero fracasa, ya que este se muestra hosco y violento tanto con él como con la hermosa y joven Paula.

Cuando fracasa en sus intentos, Dionisio solo suelta un «¡Hoop!» que divierte a Paula. El teléfono suena varias veces, pero Dionisio finge que es un pobre, para no revelar que está comprometido en frente de Paula y Buby. El resto de la compañía entra en la habitación de Dionisio y lo arrastran a una fiesta en la habitación contigua, llena de excéntricos personajes que han recogido de todas las partes del pueblo. A pesar de que debe casarse en la mañana, Dionisio accede a acompañar a Paula a la fiesta.

LA FIESTA

Dos horas después, Dionisio se encuentra borracho en la habitación de la fiesta, rodeado por extravagantes personajes que incluyen a una mujer barbuda, un cazador, bailarinas, un burgués adinerado y un coronel héroe de guerra, lleno de condecoraciones en el pecho. Dionisio dice que nunca se ha sentido tan feliz. Se encuentra liberado de las obligaciones y de los restrictivos códigos de la burguesía.

Dionisio se retira momentáneamente y Buby y Paula se quedan solos en la habitación. Se revela, entonces, que ambos realizan estafas en las que escenifican una pelea para hacerse con el favor y el dinero de los incautos huéspedes de los hoteles. Paula planeaba hacer lo propio con Dionisio pero, al creer que se trataba de un compañero artista, no pudo hacerlo, por lo que Buby le reclama que lo haga, recordándole que la vida del espectáculo es difícil y no tan glamorosa como la pintan. El negro trata de unir a Paula con El Odioso Señor, el hombre más rico de la provincia, pero ella parece estar solo pensando en Dionisio. Tras intentar robarlo, El Odioso Señor sale enfurecido de la habitación.

Dionisio regresa y con Paula hacen planes para el futuro que incluyen ir a la playa, cocinar, construir castillos de arena y ser libres. Paula le dice a Dionisio que nunca debería casarse, a lo que este responde que no lo ha pensado; luego se besan apasionadamente porque Paula cree haber encontrado en Dionisio una persona honesta y gentil. Buby, al ver que Paula ha dejado escapar a El Odioso Señor para quedarse con Dionisio, la golpea en la nuca y huye del lugar. Dionisio cree que la bailarina está muerta e intenta esconder su cuerpo debajo de la cama, desesperado. El teléfono vuelve a sonar y Margarita, con la que se supone que debe casarse en pocas horas, está desesperada porque su prometido no ha contestado en toda la noche. Dionisio le dice que tenía dolor de cabeza y que ha salido a caminar por la calle y ella, según da a entender el diálogo del joven, le indica que ha mandado a su padre, don Sacramento, para ver si estaba bien.

Creyendo que Paula está muerta, Dionisio se desespera y se asusta al ver que don Sacramento está tocando a su puerta.

LA BODA

Un minuto después, en el tercer acto, Dionisio deja entrar a su suegro en su habitación y este lo reprende duramente por no haber contestado el teléfono en toda la noche, causando que su hija pensase que estaba muerto y sumiéndola en el llanto, la angustia y el abandono de sus fuerzas físicas. Don Sacramento, además, ataca verbalmente a su yerno y le dice que es un bohemio desordenado —por todo el desorden que encuentra en su habitación— y una persona indigna de su hija si no sigue una serie de conductas que él considera que son vitales para ser una persona decente.

El anciano le da a entender que no tolerará ese tipo de comportamientos cuando despose a su hija en unas horas y se vaya a vivir a su casa, y organiza también la nueva vida de Dionisio, que está llena de aburridas obligaciones. El suegro sale de la habitación para dejar que Dionisio se prepare y Paula sale de debajo de la cama, pues no estaba muerta, sino que el golpe de Buby la había dejado inconsciente. La bailarina lo ha escuchado todo y se ha enterado de la verdad de Dionisio: sabe que no es un malabarista y, aún peor, que está comprometido.

Dionisio le dice a Paula que no se quiere casar con Margarita, que solo lo hacía porque creía que eso era ser feliz, pero que, después de su encuentro, sabe que esa no es la verdadera felicidad y le propone a Paula escapar con él hacia un futuro incierto pero romántico. La bailarina, dolida, lo lleva a re-capacitar para que se case con Margarita, pues eso le dará estabilidad financiera y una tranquilidad como la que no ha tenido antes.

Sin embargo, le reitera a Dionisio lo fea que es su prometida, a lo que este le da la razón. El joven no se quiere casar y la bailarina lo regaña por eso, para luego ayudarlo a vestirse. Los sombreros de copa han quedado destruidos por los excesos de la noche anterior, así que Paula le da el que ella usa para bailar charlestón, haciendo que la apariencia de Dionisio sea ridícula.

Don Rosario entra en la habitación para avisar a Dionisio de que han venido a recogerlo y que le ha preparado una despedida ceremonial con desfile y música. El joven abandona la habitación resignado y Paula lo ve por la ventana, adolorida. La bailarina toma los sombreros y los lanza al aire mientras dice «¡Hoop!» y ríe.

ESTUDIO DE LOS PERSONAJES

DIONISIO

Dionisio es el personaje principal de la obra. Este empleado es un hombre cobarde, tímido, cursi, sin voluntad y muy preocupado por los convencionalismos sociales. Como lo ignora todo de la vida, se ha aferrado a la única mujer que ha encontrado, Margarita, creyendo que ella sería la fuente de su felicidad y que es el amor de su vida. Tras una relación de siete años con ella, se casarán al día siguiente.

Sin embargo, al conocer a Paula, una bailarina, Dionisio se da cuenta de su error, a pesar de que no tenga el carácter para cancelarlo todo. El joven va de sobresalto en sobresalto y miente por cobardía a todos los personajes de la obra: oculta su identidad y profesión a Paula, esconde a Paula de don Sacramento y de don Rosario y construye una vida falsa para hacerse con el favor de la compañía liderada por Buby. Desde el inicio de la obra parece que Dionisio no se quiere casar. A pesar de reiterar su emoción y su amor por Margarita, parece que sus motivos para casarse son otros. Cuando está hablando por teléfono con su novia, a pesar de expresarle cariño, su afecto es superficial. Incluso deja la conversación para rascarse la picadura de una pulga y don Rosario sigue como si estuviera hablando él. Sin embargo, a pesar del maravilloso mundo que le ha mostrado Paula, la cobardía de Dionisio lo lleva a no quebrar las normas y conformarse con una vida anodina y aburrida.

PAULA

Paula es una joven bailarina desenfadada y bohemia, lo que lleva a que Dionisio se enamore de ella y de la libertad que representa. La artista es una chantajista —en contra de su voluntad— y realmente está enamorada de su arte: si roba o extorsiona a ricos patrones, lo hace para poder sobrevivir en el difícil mundo del arte y el espectáculo. Paula es una mujer tierna, noble y romántica que desprecia a la burguesía y sus lógicas mercantiles. La joven está decidida a librarse de una vida mezquina y triste y por ello rechaza las propuestas de futuro que le ha hecho Dionisio y recupera su libertad, lanzando los sombreros de copa al aire y riendo.

BUBY

El negro que acompaña a Paula y al resto de las chicas de la compañía tiene una visión más cínica y menos romántica de la vida del espectáculo, y obliga a sus bailarinas a llevar a cabo una serie de estafas para poder quedarse con el dinero de las personas adineradas. Este personaje no tiene ningún reparo en estafar a las personas con las que se encuentra ni en aprovecharse de su condición racial para jugar con una serie de estereotipos que le resultan útiles al llevar a cabo sus chantajes.

Hoy en día da como resultado un personaje controvertido por toda la violencia con la que se comporta y por su laxitud moral. La obra lo muestra como un personaje terrible y, en nuestros días, esto podría ser considerado racista. Sin embargo, los códigos éticos con los que funcionaba la España de los años treinta eran distintos y tenía sentido poner a un personaje de esta índole en el cuerpo de una persona de color.

DON ROSARIO

El viejo dueño del hotel en el que se hospeda Dionisio es un ser lleno de ternura que llevará al extremo su voluntad de hacer que sus huéspedes se sientan cómodos. Se acuesta con ellos cuando tienen frío, les lee o canta canciones para que puedan dormir y los llama con apodos extremamente cursis como «capullito de alelí». Es un anciano que ha perdido a su hijo en una tragedia y ve en Dionisio una especie de reflejo del desaparecido infante, por ello lo trata con especial cariño y afecto. Orquesta una monumental despedida para el protagonista de la obra, lo que solo contribuirá a acrecentar el sentimiento patético del hombre ante el hecho de celebrar su boda con Margarita aunque no la quiera en absoluto.

MARGARITA

La joven prometida de Dionisio parece ser la encarnación de la bondad cuando este la describe por primera vez en el hotel de segunda al anciano patrón. De ella sabemos poco y ni siquiera la escuchamos: solo podemos imaginar el diálogo que tiene con Dionisio a través del teléfono, y gracias a este aparato la mujer se convertirá en una presencia incómoda que le recuerda al joven su compromiso. Cuando Dionisio se confiesa ante Paula, descubrimos que Margarita es en realidad poco agraciada, dramática y esnob.

CONSIDERACIONES FORMALES

GÉNERO

Tres sombreros de copa fue escrita en 1932 y no llegó a estrenarse sino veinte años después, pues los lectores y empresarios en un primer momento pensaron que el público o no estaba preparado o no entendería la obra. Sin embargo, si se hubiese estrenado la obra en este primer momento, sería una precursora del teatro del absurdo, una vertiente de la dramaturgia que se popularizaría años después, de fuerte tinte existencial y que cuestiona al individuo y su lugar en la sociedad con tramas extrañas y ridículas. En este sentido, Mihura era un hombre vanguardista que se adelantó a su tiempo con sus ideas renovadoras sobre el género teatral.

TEATRO DEL ABSURDO

Aunque Mihura no estaba pensando en una referencia inexistente en ese entonces cuando escribió la obra, lo cierto es que esta cumple con una serie de requisitos que caracterizarían a esta corriente años después. La obra tiene un fuerte componente existencial pensado para atacar el código de la burguesía y los problemas de una sociedad que no era feliz. A pesar de ser una comedia, la obra no apela a la carcajada explosiva ni a los chistes fáciles, de forma que sus argumentos tienen más peso para el espectador o lector, quien puede percibir el trasfondo ético y crítico detrás de la aparente ridiculez de la obra. En este sentido, la obra recuerda más al teatro de Ionesco que al que se estaba haciendo en España en la década de los treinta.

Por su naturaleza disruptiva y sus innovaciones formales, la obra de Mihura no gozó de una buena aceptación por parte del público, aunque sí de la crítica. *Tres sombreros de copa* se estrenó en noviembre de 1952, veinte años después de haber sido escrita y cinco años después de ser publicada, en el Teatro Español Universitario. El público era joven y estaba embebido de la lectura de nuevos dramaturgos como Beckett o Ionesco, de tal forma que la obra fue recibida alegremente por esta primera audiencia. Al año siguiente, la obra debutó en Madrid pero el público, o no entendió de qué iba el argumento, o se sintió atacado en su condición burguesa por las duras críticas que a lo largo del texto aparecen hacia esta clase social. Después de solo 48 funciones, la obra fue retirada del teatro: la gente simplemente no estaba preparada para ella. Sin embargo, esta fue galardonada en 1953 con el Premio Nacional de Teatro, siendo la primera vez que Mihura se hacía con este galardón.

¿Sabía que...?

Mihura escribió esta obra mientras se recuperaba de una grave operación en la cadera que lo obligaría a permanecer en cama durante tres años. Como no le apetecía estudiar húngaro por correspondencia, según indicó, el dramaturgo dio forma a esta comedia, llena de referencias al mundo del espectáculo, el teatro, el circo y el cine mudo.

LENGUAJE

El lenguaje de la obra es una verdadera renovación estética. Mihura ataca temas y estereotipos de lo que en la época se consideraba un lenguaje cursi o anticuado. Por otro lado, la obra está llena de anglicismos y galicismos, que suponen una apuesta por crear diálogos más dinámicos y acordes a la realidad, y que el autor señala con diferente grafía: *great attraction, ballet, debut, partenaire o girls* son todos términos tomados del mundo del espectáculo con el que estaba familiarizado el autor y que en ese momento se estaban ya extrapolando al habla corriente del español de los treinta.

El lenguaje sirve también para caracterizar a los personajes de la obra. Cada uno de ellos se expresa de una manera particular que logra darle cierta profundidad pese a la brevedad de la acción. Así, por ejemplo, don Rosario se expresa de manera cursi, repetitiva y monótona mientras que Paula es casi infantil en sus enunciaciones y Buby recurre al uso de la tercera persona cuando está hablando de sí mismo. También Dionisio se expresa con fórmulas gastadas y poco originales con Margarita, mientras que con Paula es casi poético, de tal forma que la distancia que se crea entre el hombre y su prometida es tangible por este tipo de detalles.

ESTRUCTURA

A pesar de su aparente anarquía, Mihura respeta la estructura del teatro clásico en su obra. Cada uno de los actos corresponde al inicio, nudo y desenlace de la narrativa dramática que en esa época estaba en rigor.

En este sentido, pese a su carácter disruptivo, Mihura mantiene un esquema organizado para contar su historia, aunque las acotaciones que hace a lo largo del texto permiten ver cómo a una edad temprana el dramaturgo estaba jugando con las fórmulas del arte dramático y revitalizando el teatro español.

TEMÁTICAS Y CLAVES DE LECTURA

LA CRÍTICA DEL MATRIMONIO

La obra opone dos romances de Dionisio. Por un lado, está su compromiso con Margarita, una relación que dura desde hace siete años y que ni siquiera ha resultado en un beso y, por el otro, la pasión inmediata que le despierta la bohemia Paula, quien lo besa apasionadamente la misma noche que lo conoce. El matrimonio es uno de los pilares principales de la burguesía, pues supone un mejoramiento de la situación personal al casarse con otra persona que puede proveer una estabilidad y tranquilidad. En este sentido, Margarita y su padre pueden darle a Dionisio un techo y una comodidad con la que antes ni siquiera había soñado. Llama la atención que, cuando el joven está hablando con don Rosario al principio de la obra, haga énfasis en este tipo de ventajas, más allá del afecto y el cariño:

> «Sí. Ella tiene dinerito, y sabe hacer unas labores muy bonitas y unas hermosas tartas de manzana... ¡Ella es un ángel!» (Mihura 1959, 103).

El afecto que cree que le tiene a Margarita parte de la tranquilidad que ella podrá proveerle una vez vivan juntos como marido y mujer. Sin embargo, cuando conoce a Paula, Dionisio entiende realmente lo que es estar enamorado. Desde que ella entra por sorpresa en su vida, el joven empleado empieza a entender que quizás la boda no es una buena idea. Con el primer beso entre Dionisio y Paula, el prometido lo olvida todo sobre su otra vida: su trabajo,

su monotonía y su futura esposa. Cuando Paula conoce
la verdad por la inesperada irrupción de don Sacramento,
Dionisio le explica que no quiere casarse y le pide que se
vayan juntos, a lo que Paula le pregunta entonces por los
motivos de la boda. Dionisio responde:

> «Pero yo me casaba, porque yo me he pasado la vida metido
> en un pueblo pequeñito y triste y pensaba que para estar
> alegre había que casarse con la primera muchacha que, al
> mirarnos, le palpitase el pecho de ternura... Yo adoraba a mi
> novia... Pero ahora veo que en mi novia no está la alegría que
> yo buscaba...» (Mihura 1959, 145).

A pesar de sus reparos, Paula convence a Dionisio de que se
case según lo planeado, pues no está dispuesta a acompa-
ñarlo después del engaño. La mujer le hace saber que es la
mejor opción, que a pesar de las concesiones que tenga que
hacer con su suegro y la vida de aburrimiento y monotonía
que le espera, la boda le dará a Dionisio una estabilidad de la
que antes no ha gozado.

En una marcha liderada por don Rosario, el joven acepta
su destino y enfila hacia la iglesia. El tono trágico se ve
superado por el patetismo de la escena: un Dionisio con
cara de cansancio y un sombrero ridículo sobre la cabeza
(que le queda peor que los otros tres) camina por el hotel
de segunda mientras don Rosario ondea una bandera y toca
la trompeta y las limpiadoras le lanzan confeti mientras los
cocineros le lanzan migas de pan. Paula lo despide y arroja
los sombreros al aire, burlándose de los códigos burgueses y
de sus formalidades vacías.

LA IMPOSIBILIDAD DE ALCANZAR LA LIBERTAD

Ninguno de los personajes es realmente libre. En un mundo gobernado por el dinero, incluso ni los artistas ni las bailarinas pueden escapar de su yugo, por eso Paula y Buby se ven obligados a llevar a cabo estas estafas, pues el *espectáculo* no les da dinero suficiente. Una de las características del teatro de Mihura es la ilusa esperanza que tienen sus personajes de encontrar algo a lo que asirse, un elemento que le dé sentido a su existencia.

Dionisio trata de rebelarse contra la prisión que será su futura vida, pero es tan cobarde que termina claudicando y decide casarse, pese a que ya sabe lo que le espera debido al imperativo discurso de su suegro, don Sacramento. El joven está tan encerrado como su habitación: para ver el mundo exterior tiene que hacerlo desde lejos, mirando por la ventana de su balcón. La habitación del hotel en la que sucede la acción de la obra tiene dos puertas, una que da a la habitación contigua —en donde está Paula y la libertad— y otra que da al pasillo por donde entran los representantes de la burguesía y la moral: don Rosario y don Sacramento, nombres alegóricos que representan las costumbres recatadas de la burguesía en oposición al libertinaje de la vida bohemia. Al final, Dionisio escoge esta segunda puerta, ataviado ridículamente para este mundo del que ya no podrá escapar. El joven será, entonces, presa del estatuto burgués.

Dionisio idolatra la vida desenfrenada y libre que lleva Paula, pero lo cierto es que la joven tampoco puede vivir a sus anchas. Al decidir dedicarse al ejercicio de su arte como bailarina, Paula renuncia a las comodidades que provee la burguesía y a un ingreso fijo. Por ello, deberá representar su papel como damisela en apuros para llevar a cabo su estafa con Buby. Este le reclama dinero cuando no seduce a El Odioso Señor, un burgués acaudalado que la cubre de regalos para intentar seducirla, y le recuerda cuán difícil es vivir en el mundo real como artista: los dolores que devienen del exceso de ensayos, las dificultades de encontrar un lugar en el que presentarse, el riesgo de aburrir al público. Paula es presa de Buby y cumple sus deseos para poder sobrevivir, como se ve en la siguiente cita:

> «Es que si no, esto se acaba... Tendremos que separarnos to-dos... ¡El ballet de Buby Barton terminó en una provincia!... Yo no lo pido por mí... Un negro vive de cualquier manera... Pero una buena muchacha... ¡Os esperan los trajecitos baratos y los sombreritos cursis...! ¡La máquina de coser que quedó en aquel rincón! ¿O es que tienes la ilusión de encontrar un guapo novio y que te vista de blanco...?» (Mihura 1959, 125).

LA CRÍTICA A LA BURGUESÍA

Podría decirse que *Tres sombreros de copa* es una crítica completa a las maneras de la burguesía, en contraposición a la idealización que hace Mihura del mundo del arte y el espectáculo. Al mundo burgués, adinerado, cursi y de moral estricta, se opone la percepción de Dionisio del mundo errante y nómada de Buby y las chicas de su compañía, lleno de bohemia, libertad, pasión y aventuras. En este sentido, los personajes que mejor escenifican la burguesía a la que ataca Mihura y que causaron la indignación del público serían El Odioso Señor y don Sacramento.

El primero de estos, el hombre más adinerado de la provincia, es vanidoso y está lleno de mentiras. Pretende comprar el afecto de Paula de la manera más ruin y siente que, por llenarla de regalos, tiene derecho sobre su cuerpo. El nombre cómico del personaje resulta en una burla por parte de Mihura de esta clase social a la que solo le importa el dinero y los bienes materiales. Cuando el hombre le da dinero a Paula, pretende encerrarla en el cuarto para acostarse con ella, a lo que ella replica.

> «EL ODIOSO SEÑOR:
> Para que no puedan entrar ni los pájaros ni las mariposas...
> *(Va hacia ella y la abraza. Ya ha perdido toda su falsa educación. Ya quiere cobrarse su dinero lo antes posible)* ¡Eres muy bonita!
> PAULA:
> *(Enfadada)* ¡Abra usted las puertas!
> EL ODIOSO SEÑOR:
> Luego abriremos las puertas, ¿verdad? ¡Siempre hay tiempo para abrir las puertas!...
> PAULA:
> *(Ya indignada e intentando zafarse de los brazos de EL ODIOSO SEÑOR)* ¡Déjeme usted! ¡Usted no tiene derecho a esto! ¡Abra usted las puertas!
> EL ODIOSO SEÑOR:
> Yo no gasto mi dinero en balde, nenita...» (Mihura 1959, 132).

Por otro lado, está don Sacramento, el estricto y severo padre de Margarita. El hombre está lleno de prejuicios y de críticas hacia la bohemia. Don Sacramento le impone una serie de normas llenas de recelo a Dionisio incluso antes de celebrarse la boda. Su severidad raya en lo ridículo y desconcierta al joven, quien teme por la nueva vida que tendrá con la familia de este hombre. Así mismo, don Sacramento representa el aburrimiento y la monotonía que percibía Mihura en la burguesía: sus planes para pasar el tiempo son tremendamente tediosos, sus costumbres son rígidas e inamovibles y su visión del mundo es cuadriculada y arbitraria. Solo un hombre como él podría haber criado a la también aburrida Margarita a quien, después de los primeros halagos de Dionisio, conocemos más profundamente hacia el final de la obra, entendiendo que es una mujer aburrida, vanidosa, controladora, dramática y, por lo demás, poco atractiva. Dionisio, a quien nunca le queda bien ninguno de sus tres sombreros de copa, entrará en este mundo de convenciones y tabúes con el recuerdo de su noche con Paula literalmente en la cabeza.

PISTAS PARA LA REFLEXIÓN

ALGUNAS PREGUNTAS PARA PROFUNDIZAR EN SU REFLEXIÓN...

- ¿Qué simboliza el sombrero de copa en esta obra?
- ¿Cuál es la visión de Mihura sobre el mundo del espectáculo?
- ¿Qué papel cumple Buby en la obra?
- ¿Qué importancia tiene la ventana en la obra?
- ¿Qué función cumple el «¡Hoop!» a lo largo de la acción?

PARA IR MÁS ALLÁ

EDICIÓN DE REFERENCIA

- Varios autores. 1959. *Teatro español 1952-1953*. Madrid: Aguilar.

ESTUDIOS DE REFERENCIA

- Sainz de Robles, Federico Carlos. Prólogo en *Teatro español 1952-1953*, de varios autores, 11-29. Madrid: Aguilar, 1959.
- Rodríguez Padrón, Jorge. 1992. *Tres sombreros de copa*. Madrid: Cátedra.

LECTURAS RECOMENDADAS

- Ruiz Ramón, Francisco. 1980. *Historia del teatro español. Siglo XX*. Madrid: Cátedra.

Made in the USA
Monee, IL
07 July 2026